*Für Harry und Mary Ellen,
die mein Leben immer mit Regenbögen erfüllt haben.*

ISBN 978-3-7432-0017-3
3. Auflage 2023
erschienen unter dem Originaltitel *Not Quite Narwhal*
bei Simon & Schuster Books for Young Readers
Translation rights arranged by The Sandra Dijkstra Literary Agency
Copyright © 2017 Jessie Sima
Alle Rechte vorbehalten
Übersetzung aus dem Amerikanischen von Nadine Mannchen
Für die deutschsprachige Ausgabe © 2018 Loewe Verlag GmbH, Bühlstraße 4, D-95463 Bindlach
Umschlaggestaltung: Ramona Karl
Printed in the EU

www.loewe-verlag.de

Das kleine WALHORN
JESSIE SIMA

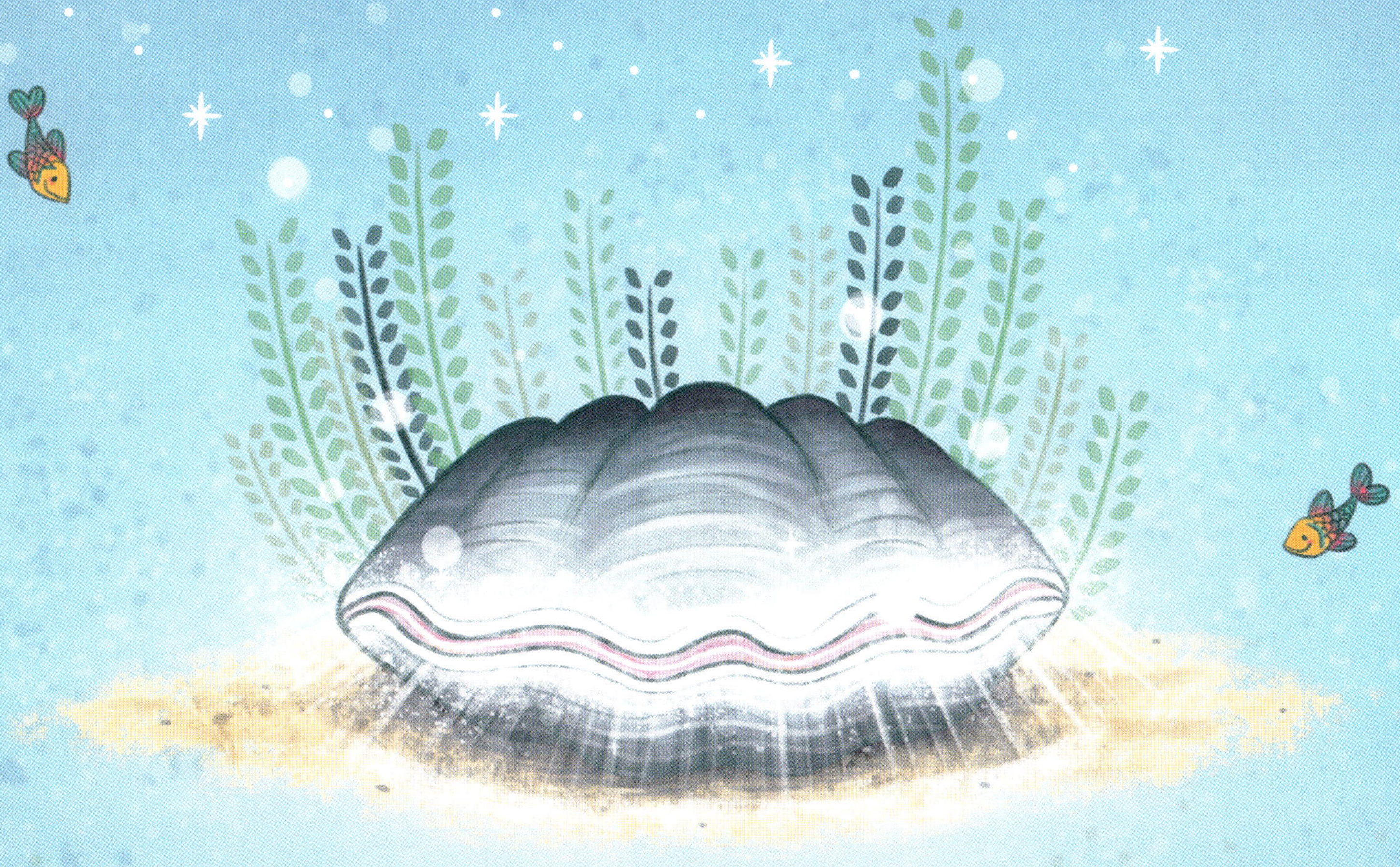

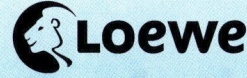

Nori wurde tief unten im Meer geboren.

Früh schon erkannte er, dass er anders als die übrigen Narwale war.

Sein Stoßzahn war nicht so lang wie der der anderen,

das Essen schmeckte ihm nicht recht

und ein guter Schwimmer war er auch nicht gerade.

Doch seine Familie schien das nicht zu stören, also beschloss Nori, dass es ihm auch nichts ausmachte.

Zumindest, bis er von einer starken Strömung fortgerissen wurde.

Oje! Warum nur kann ich nicht besser schwimmen?

Plötzlich war Nori an der Meeresoberfläche, viel näher am Festland als jemals zuvor in seinem Leben.

Hoch oben auf einem steilen Felsen entdeckte er plötzlich
ein geheimnisvolles Glitzerwesen.
Es kam ihm irgendwie so bekannt vor. Es sah aus wie ... Nori!

So schnell er konnte, schwamm Nori an Land …  was jedoch alles andere als schnell war.   Er wollte unbedingt das Wesen erreichen, das genauso aussah wie er.

Als er endlich am Strand ankam, war Nori ein bisschen mulmig zumute –
er hatte das Meer ja noch nie zuvor verlassen!

Er hatte Angst, zum ersten Mal zu laufen.
Bei den Landtieren sah es aber eigentlich ganz leicht aus!

War es aber nicht.

Doch am Ende hatte er den Dreh raus.

An Land war alles seltsam und wunderschön –
aber auch irgendwie gruselig.

Allmählich befürchtete Nori, dass er das Wesen, das genauso aussah wie er, niemals finden würde. Doch als er aus dem Wald stolperte ...

Noch nie hatte Nori von Einhörnern gehört. Sie brachten ihm bei, was er mit seinem Stoßzahn alles machen konnte.

Sie stellten ihm typische Einhorn-Leckereien vor.

Und sie zeigten ihm, wie man galoppierte.

Es bestand kein Zweifel, dass Nori tatsächlich ein Einhorn war.
Er hatte so viel Spaß, dass er gar nicht mehr wegwollte.

Doch dann fiel ihm seine Familie im Meer wieder ein.

Er vermisste sie schrecklich.
Also verabschiedete er sich von den Einhörnern und kehrte ins Meer zurück.

So schnell er konnte, schwamm Nori nach Hause …

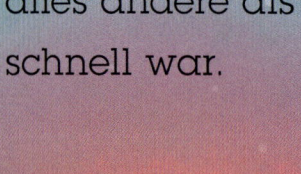

was jedoch alles andere als schnell war.

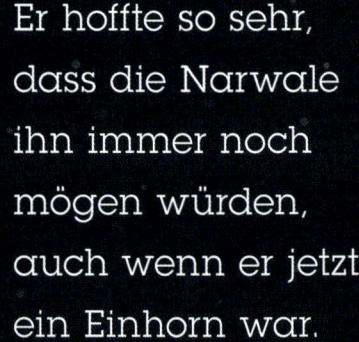

Er hoffte so sehr, dass die Narwale ihn immer noch mögen würden, auch wenn er jetzt ein Einhorn war.

Als er endlich daheim ankam, hatte Nori Schmetterlinge im Bauch.

WILLKOMMEN ZU HAUSE

Nori!

Nori war froh, wieder zu Hause zu sein. Aber nachdem er bei den Einhörnern an Land gewesen war, konnte er sie einfach nicht vergessen.

Wollte er bei den Einhörnern als Land-Narwal leben ...

oder als Meereseinhorn bei den Narwalen? Nori konnte sich nicht entscheiden.

Doch dann begriff er: Vielleicht ...

ganz vielleicht ...

musste er sich gar nicht entscheiden.